L'HEURE
DU
SPECTACLE

PAR

M. VICTORIEN SARDOU

DE L'ACADÉMIE FRANÇAISE

Lettre pour servir de préface au second volume
DES ANNALES DU THÉATRE ET DE LA MUSIQUE

PARIS

G. CHARPENTIER, ÉDITEUR

13, RUE DE GRENELLE SAINT-GERMAIN, 13

1878

L'HEURE
DU
SPECTACLE

L'HEURE

DU

SPECTACLE

PAR

M. VICTORIEN SARDOU

DE L'ACADÉMIE FRANÇAISE

Lettre pour servir de préface au second volume
DES ANNALES DU THÉATRE ET DE LA MUSIQUE.

PARIS

G. CHARPENTIER, ÉDITEUR

13, RUE DE GRENELLE-SAINT-GERMAIN, 13

1878

L'HEURE

DU SPECTACLE

Marly-le-Roy, le 18 septembre 1878.

Mon cher Noel,

Le jour où vous m'avez fait l'honneur de me demander cette préface, pour l'excellente publication que vous avez entreprise de concert avec votre ami M. Stoullig, nous venions d'échanger quelques réflexions sur la coïncidence actuelle des heures du dîner et du spectacle, et je vous répondis : « Voilà ma préface toute trouvée ; rien ne saurait s'adapter mieux au cadre de vos *Annales dramatiques*. »

Des occupations de toute sorte ne m'ont pas permis de tenir plus tôt ma promesse : le temps s'est écoulé, et, dans ce Paris, où les mois sont des jours, et les années des mois, cette question a bien vite perdu de sa nouveauté. D'autres que moi l'ont abordée, retournée en tous sens, et j'aurais renoncé à mon projet, si vous ne m'aviez fait remarquer judicieusement que, pour discutée qu'elle soit, elle est toujours pendante, et que les idées les plus raisonnables étant aussi les plus longues à triompher, on ne saurait trop faire entrer celle-là dans l'esprit du public, à petits coups de marteau incessamment répétés.

L'honneur d'avoir donné le premier coup revient de droit à Sarcey qui a poussé ce cri d'alarme :

« *Le dîner tue le spectacle !* »

Si exagéré qu'il semble, ce cri-là n'est que l'expression même de la vérité. Je m'empresse d'ajouter qu'en signalant le mal après lui, je n'ai pas la prétention d'avoir découvert le remède. Constater le fait, c'est inspirer à tous le désir de trouver une solution; et les présentes réflexions n'ont pas d'autre mérite, ni d'autre but.

Le mal, le voici dans toute sa rigueur :

La représentation d'une pièce nouvelle est annoncée pour huit heures. — Cette pièce a cinq actes : c'est une durée moyenne de quatre heures ; il faut donc commencer à huit heures exactement pour finir à minuit.

Or, à huit heures précises, le régisseur examine la salle par l'un des petits trous ménagés à cet effet dans le rideau, et il constate qu'elle est aux trois quarts vide.

Il attend.

A huit heures un quart, nouvel examen : — l'orchestre se remplit lentement, — au premier rang de la galerie, peu de monde ; aux premières loges, personne.

Survient le directeur ; puis, l'auteur anxieux.

« Eh bien, nous ne commençons pas ?
— La salle est vide !
— Sonnez !... Ils viendront. »

On sonne : nouvelle attente de dix mi-

nutes. — Les comédiens s'impatientent :
« Nous ne finirons pas avant minuit et demi !...

— Allons, frappez ! »

On frappe — et l'on commence !...

Que celui-là lève la main qui des trois premières scènes d'un premier acte a jamais entendu un traître mot ! — Notez bien que ces scènes ont une importance capitale. — C'est l'exposition de la pièce. — C'est là que l'auteur s'est appliqué à nous dire par le menu tout ce qu'il est indispensable de connaître, pour bien comprendre ce qui va suivre. — Aussi prêtez-vous l'oreille avec soin...

« Pardon, monsieur ! »

C'est un retardataire qui, pour gagner son fauteuil, vous force à vous lever, et déforme votre chapeau, en vous écrasant vous-même. — Maugréant, vous voilà rassis, attentif comme devant.

« Pardon, monsieur.... »

Nouvel interrupteur, suivi d'un autre, puis d'un troisième, cette fois un défilé qui s'arrête court, vous masquant la scène, et qui vous oblige à garder debout l'attitude la plus ridicule et la plus gênante, par suite d'un démêlé subit entre l'ouvreuse et un spectateur qui n'est pas à sa place : le tout aux cris de : « Silence donc ! — Assis ! » des exclamations, des rires provoqués à la première galerie par l'apparition de quelque grosse dame en retard qui broie tout le monde sur sa route, et au bruit incessant des portes, des chaises, des petits bancs, etc., car vous avez bien remarqué, je pense, qu'il n'est pas une ouvreuse (encore une plaie !) qui ne s'applique à ouvrir ces portes avec fracas ; et, si la salle se fâche, à les fermer plus bruyamment encore, d'un joli petit air de défi !

Cependant nos comédiens ont débité consciencieusement leurs rôles. — Les détails les plus précieux, les faits les plus indispensables à connaître, tout ce qui peut vous éclairer sur le lieu de l'action, le caractère des personnages, leurs antécédents, etc.; tout est absolument perdu pour vous, et laissera désormais dans votre esprit certaines lacunes, certain trouble, aussi défavorables au jugement que vous porterez sur la pièce, qu'au plaisir que vous pourriez goûter à l'entendre !

Le premier acte est achevé, — et dans le couloir où se heurtent le flux et le reflux des arrivants et des sortants, vous rencontrez ce monsieur, — vous le connaissez bien, — cravaté de blanc, qui vient toujours de dîner en ville, et qui, en donnant son paletot à l'ouvreuse, vous dit du ton légèrement dédaigneux d'un connaisseur:

« Eh bien, ce premier acte?

— Pas mal, vous avez eu tort de le manquer.

— Bah! l'exposition ! »

Et, sur cette belle réponse, notre homme aplatit son claque, et entre dans une loge.

« Tiens! vous voilà déjà? »

Poignées de mains, etc...

« Eh! bien, cette fameuse pièce?

— Ma foi! nous arrivons comme vous,... quand le rideau tombe; et ce n'est pas faute de nous être bousculés! »

Il va sans dire que c'est dans cette loge, déjà toute à l'aigreur, qu'au deuxième acte quelqu'un s'écriera subitement :

« Ah! ça, vous y comprenez quelque chose, vous?

— Ma foi! non... C'est le beau-frère, celui-là?

— Non, c'est le papa!

— Et celle-ci, en deuil, de qui?

— De son mari, je crois.

— Elle ne peut pas le dire?...

— Quel fouillis! »

C'est dans cette même loge qu'au troisième acte, vous entendrez crier : « Oh! mais! c'est long! long! long! — Marchons donc, que diable! il est onze heures!... » Et c'est là enfin, qu'après avoir appelé le dénouement à grands cris, on partira sans l'entendre, en déclarant que la pièce ne finit pas, et qu'el. urmille d'invraisemblances !

Et la voilà jugée !

Maintenant, — tout en faisant l. rt de l'état mental de ces gens-là, — p quoi ce retard à venir, et cet empres ment à se sauver ? — Pourquoi ce mauva. vouloir et cette hostilité préconçus ? — Pourquoi ce parti pris de chercher querelle à l'auteur, et cette rébellion du spectateur contre son propre plaisir ? — D'où naît enfin ce refus de l'attention sérieuse, ce besoin maladif d'une action rapide, fiévreuse, qui aille vite au fait brutal, le squelette de la pièce; en en supprimant la substance, la chair, le sang, la vie, c'est-à-dire le développement des idées, des sentiments, des caractères ?...

Pourquoi ?

N'y cherchez pas d'autre cause que celle-ci.

C'est que ces gens-là sortent de table, et qu'en venant au spectacle, ils font tout justement le contraire de ce qu'ils devraient faire.

Pensez donc que nous dînons aujourd'hui à sept heures, — sept heures et demie, — huit heures même dans le monde officiel ; que pour venir ce soir votre public a dû se hâter, mettre les morceaux doubles, et qu'en ce moment il digère d'autant moins qu'il a dîné plus vite !

Cette mauvaise humeur, cet agacement, cette hâte de partir... Digestion ! — Pas autre chose !

On répond à cela :

— Soit : mais on n'a qu'à dîner un peu plus tôt le jour où l'on veut aller au théâtre et à ne pas accepter d'invitation ce soir-là. — C'est-à-dire que voilà deux plaisirs qui se contrarient où ils devraient se compléter l'un par l'autre !...

— Et comment ferez-vous quand ce spectacle sera une première représentation, qui coïncide avec un grand dîner ? — De combien d'ennuis cette rencontre ne sera-t-elle pas la source ?... Et quelle gêne dans toute l'économie de notre vie parisienne ! — Qui de nous, auteurs dramatiques, n'a reçu quelque lettre ainsi conçue :

« Mon cher auteur, de grâce, votre *première* est-elle pour samedi, comme on l'annonce ? Je donne à dîner ce soir-là et je n'ai que le temps d'ajourner la fête. »

Ne sachant rien vous-même sur la date exacte de cette première représentation, vous répondez : « Oui », à tout hasard : la dame reporte son dîner au mardi, et il se trouve précisément que votre pièce passe ce jour-là !.....

Voilà pour la commodité... — Parlons de l'hygiène.

Demandez à votre médecin ce que vous pouvez faire de plus désagréable pour votre estomac, au sortir de table : — il vous répondra :

« Menez-le au spectacle ! »

Ce qui est ordonné après le repas, — c'est l'exercice modéré : une grande liberté d'esprit, l'absence de toute application sérieuse; une causerie vive, légère, la gaîté communicative et enfin cette discussion aimable que le dernier siècle appelait le *dessert des gens d'esprit*.

Et la tyrannie de la coutume arrache un pauvre homme au plaisir de causer ainsi devant son feu, de boire à petites gorgées son café brûlant, de fumer à l'aise son cigare, ou de faire sa partie de billard habituelle, pour le coffrer dans une cage de bois, où, cruellement replié sur lui-même, dans la contorsion, l'immobilité et le mutisme, il va respirer pendant quatre heures un air empesté, à trois pieds d'un bec de gaz qui brûlera ses yeux, desséchera sa gorge et fera bouillir son crâne! Et l'on veut que ce malheureux s'épanouisse aux belles choses qu'il entend, et qu'il s'intéresse à des infortunes imaginaires dont aucune n'est comparable à la sienne?...

C'est absurde, barbare et souvent mortel.

On connaît le mot de ce médecin de théâtre, appelé pour un spectateur frappé d'apoplexie soudaine, et qui, regardant sa montre, s'écrie :

« Comment !.. à huit heures et demie ! Déjà ?... »

En effet, à huit heures et demie la congestion se prépare, l'apoplexie se mitonne, mais ce n'est guère qu'à neuf heures, neuf heures et demie qu'elle est à point !... Pesez bien, je vous prie, la valeur de ce *déjà*-là. — Que veut-il dire, sinon : — Voilà un homme frappé plus tôt qu'à l'ordinaire ?....

Il y a donc un ordinaire ?

Parbleu !...

Rappelez vos souvenirs et comptez les exemples !... Votre journal vous dit bien les cas de mort foudroyante ; il vous parle bien d'une dame étouffée dans son corset, qu'il a fallu sortir de sa stalle, où d'un accouchement subit à la quatrième galerie ; — mais dresse-t-il la statistique de tous les cas de suffocation, convulsions, névralgie, gastralgie, céphalalgie, apoplexie, paralysie, etc., dont le théâtre est chaque soir le témoin et le complice?... Je voyais dernièrement le cas d'un gendre trop pressé de *réaliser* un beau-père facilement congestionnable ! — Mon imbécile avait tenté de le noyer ! — Que ne le menait-il au spectacle ? — Un copieux dîner, la pièce en vogue, une bonne loge d'avant-scène sur la rampe; le beau-père n'en revenait pas, et la justice n'avait rien à dire !

Mais, sans aller jusqu'aux victimes, parlons seulement de la généralité des spectateurs. Peut-on nier qu'un homme soumis à cette asphyxie volontaire n'éprouve un malaise physique, d'où résulte forcément son malaise moral ? — Quelle que soit sa curiosité de la pièce, votre auditeur, déjà fâché d'avoir dîné à la hâte et jeté son cigare à peine allumé, ne tarde pas à subir, sans s'en douter, tous les symptômes d'une digestion laborieuse; et l'inquiétude de son esprit n'est que le contre-coup de celle de son corps. Aussi, voyez à l'entr'acte cette hâte à se lever, à s'élancer dehors pour respirer, s'étirer, bavarder et rouler vivement une cigarette qui le console un peu du cigare perdu. — J'insiste sur cette question du cigare. — Elle est capitale. — Pour un bon tiers du public, le tabac est le complément forcé du repas. Et cette habitude, devenue besoin, comment la sacrifierait-il sans une certaine amertume, qui rejaillit sur la pièce? — Demandez aux directeurs de province si, grâce à l'absurde liberté des théâtres, ils peuvent lutter contre ces cafés-concerts, où il est permis de fumer à l'aise, en écoutant des insanités? — Croyez-vous que le dîner n'y soit pas pour quelque chose?

Ceci nous mène droit à la question d'art. — Abordons-la !

Quelques bons esprits se plaignent que le drame, la comédie, autrefois florissants, n'attirent plus la foule que de loin en loin, — et par exception ! — Que les pièces gaies à outrance, bouffonnes même (et Dieu me garde d'en médire), soient les seules en possession de la faveur constante du public qui leur témoigne une excessive indulgence. A ce propos, ils font remarquer avec raison que la comédie n'a pas pour unique emploi de nous faire rire des travers et des ridicules de l'humanité; — qu'elle a pour mission plus haute d'aborder les questions morales, sociales, les plus élevées, et qu'il ne lui suffit pas de nous égayer, qu'elle doit aussi nous émouvoir, nous faire penser. — Du moins les plus grands maîtres ne l'ont-ils pas comprise autrement. — Dès lors ne faut-il pas regretter la tendance actuelle qui ne va à rien moins qu'à supprimer toute une face de l'art dramatique, son côté sérieux, pour le réduire à son aspect le plus frivole, l'amusement pur et simple? Et l'on signale à l'appui la prospérité inouïe de l'opérette, qui obtient des succès que les plus beaux chefs-d'œuvre tragiques ou comiques n'ont jamais égalés.

Eh bien, soyez assurés que dans ce détachement de l'art élevé, et parmi les causes multiples qui expliquent la vogue toujours croissante d'un genre très-amusant, qui a parfaitement sa raison d'être, et contre lequel je n'ai pas la moindre envie de faire campagne, mais enfin un peu bien absorbant, convenons-en ; soyez sûrs, dis-je, que le dîner est encore pour quelque chose, — pour beaucoup.

Le plus grand, le plus réel mérite de l'opérette, c'est qu'au lieu de combattre la digestion, elle la favorise!

Elle n'exige pas l'attention. — Elle n'émeut pas le moins du monde! — Elle ne vous force pas à réfléchir un seul instant! — Elle flatte l'œil et l'oreille, sans jamais fatiguer l'esprit, et en charmant toujours les sens. Que peut désirer de mieux quelqu'un qui sort de table?

On conçoit très-bien le spectateur de 1660, prêtant une attention soutenue au *Tartuffe* ou au *Misanthrope*... Ce spectateur-là était dans les conditions requises pour goûter ces chefs-d'œuvre un peu sévères! Sorti de table à deux heures, il avait eu le temps d'aller, de venir, de respirer, de se promener avant la comédie, qui commençait à quatre heures. Ni appétit, ni réplétion!... Trouvez mieux pour l'équilibre de l'esprit et du corps. Dès lors plus d'énervements, plus d'impatiences ; un esprit calme, des sens rassis : tout ce qu'il faut pour écouter sans lassitude ce premier acte du *Misanthrope* qui n'est qu'un magnifique développement de caractères, et pour goûter en amateur les admirables variations de l'auteur sur son thème unique.

Mais servez donc ce premier acte-là à mon homme de tout à l'heure... qui vient de dîner en ville... D'abord il tâchera de l'éviter, comme inutile et faisant longueur; et que, pour son malheur, il soit obligé de l'entendre, c'est alors qu'il s'écriera :

« Quoi! Tout un acte pour nous dire qu'*Alceste* est un *misanthrope!* Mais c'est convenu!... *Misanthrope,* ça dit tout! Il n'y faut pas tant de paroles! Et l'action, où est-elle, l'action? Pas l'ombre!... Et puis, ce n'est pas drôle, tout ça!... On ne rit pas! »

Mon Dieu! je vous entends bien; vous me dites que je choisis précisément un imbécile! — C'est qu'il y en a tant! — Mais enfin, soyons de bonne foi, ce qu'il dit là, ce monsieur, nous le disons tous comme lui, plus ou moins. Est-ce que c'est vraiment au sortir d'un bon repas que nous serons en état d'apprécier un tel chef-d'œuvre? Notre esprit s'y refuse absolument. Le sérieux est loin de nous. La digestion exige la belle humeur; elle veut rire. Toutes les fois que de gais convives se consulteront au dessert pour savoir à quel théâtre ils iront finir la soirée, il n'y aura qu'une voix pour choisir celui où l'on rira le plus... Ils seront même de bonne composition sur la qualité de ce rire-là. La pièce la plus insensée réunira tous les suffrages; sa frivolité même est un mérite. Le jour donc où la très-vive et très-affriolante opérette a fait son apparition dans ce monde, le succès était acquis à cette forme nouvelle qui savait si bien nous offrir, après le repas, le double attrait de l'amusement sans fatigue, et de la mélodie facile à saisir. L'opérette complète le dîner, elle remplace les couplets que nos pères chantaient après boire et dont le vaudeville d'autrefois était le dernier écho. Lui contester la légitimité de son succès serait puéril. La combattre serait folie. Il n'y a qu'à lutter avec elle le mieux qu'on pourra : seulement, tant que le dîner précédera immédiatement le spectacle, l'issue n'est pas douteuse; — la comédie sera battue; — et je ne vous donne pas vingt ans de ce train-là, pour n'avoir plus en France qu'une musique de dessert et un théâtre de digestion!

Eh bien, le remède? direz-vous! — Pardon, mais j'ai prévenu que je ne le connaissais pas! Et ce n'est pas qu'on n'en ait proposé plusieurs. Ainsi, par exemple, on a dit :

« Eh bien, reculons le spectacle d'une heure, d'une heure et demie ! »

Soit. Mais, pour lever le rideau à dix heures, il faudra donc finir à deux heures du matin?... C'était la solution proposée par Théophile Gautier (1)! Mais Gautier oubliait ce que nous savons tous par expérience : « C'est qu'à partir de minuit, quelle que soit la valeur d'une pièce, l'action languit, l'intérêt s'efface. A une heure, les yeux peuvent encore être charmés. On rit même encore un peu ; — à une heure et demie, il n'y a plus ni rires ni larmes, il n'y a qu'un bâillement prolongé. Lassitude, sommeil, tout concourt à nous agacer, et un seul dénouement nous préoccupe : — le paletot !

« Alors, disent les plus résolus à trouver une solution quelconque, entre l'obli-

---

(1) Voici les jolies variations que Théophile Gautier, dès 1847, brodait sur ce sujet :

« Les directeurs de théâtre devraient pourtant bien

gation de commencer la pièce plus tard, et celle de la finir à la même heure, il n'y a

comprendre une chose : c'est que les habitudes de la vie sont totalement changées depuis quelques années. Commencer une pièce à sept heures, surtout à l'Opéra, c'est vouloir que personne n'y assiste. L'invasion des habitudes anglaises, l'agrandissement de la ville et la création des nouveaux quartiers, la multiplicité toujours croissante des affaires et des relations font reculer chaque jour davantage les heures du repas. La journée s'allonge aux dépens de la soirée. Nous dînerons bientôt à l'heure où soupaient nos pères. Les Chambres, les bureaux, les ateliers, toutes les officines du gouvernement, du commerce, de la pensée et de l'industrie ne se ferment qu'à six heures. Comment voulez-vous qu'à sept on soit au spectacle? Il faut retourner chez soi, s'habiller, prendre sa réfection et franchir la distance, souvent grande, qui sépare la maison du théâtre.

« En été surtout, les spectacles, — principalement à l'Opéra, au Théâtre-Français et à l'Opéra-Comique, — ne devraient commencer qu'à huit heures et demie ou neuf heures; on aurait ainsi le temps de dîner, d'aller jouir de la fraîcheur du crépuscule sur les boulevards, aux Tuileries, aux Champs-Élysées, au bois de Boulogne, et de revenir terminer sa soirée en écoutant un grand air, une tirade tragique ou une romance.

« L'objection naturelle qui se présente, c'est que les représentations doivent finir à minuit. D'abord, on pourrait faire les spectacles plus courts, et puis cette ordonnance qui soumet les plaisirs de Paris à une espèce de couvre-feu est tout à fait barbare, étroite et

qu'un parti à prendre : — réduisons-
la! — Renonçons aux cinq actes, même

digne du moyen âge. Comme mesure de police, elle a
pour effet de livrer Paris aux voleurs, aux malandrins
et aux rôdeurs nocturnes; un théâtre flamboyant de
lumières, avec l'attroupement de voitures qui l'as-
siègent, les domestiques qui attendent sous le péristyle
ou aux alentours, garde tout un quartier bien mieux
que les patrouilles grises. Une boutique ouverte après
minuit, jetant son flot de gaz dans la clarté douteuse
des réverbères comptant sur la lune, sauvegarde une
rue entière. Un café phosphorescent de cristaux et de
lampes, un restaurant d'où s'échappe un murmure
joyeux, intimident le bandit et l'assassin dans leurs
besognes sinistres.

« D'ailleurs, pour une grande capitale, l'antique dif-
férence du jour et de la nuit ne doit pas exister. Minuit
et midi doivent être, ainsi que sur le cadran, le même
chiffre dans la journée de Paris. Plus d'heures noires!
le gaz vaut le soleil; dans nos climats, et surtout à
Londres, il vaut même mieux, car on n'y voit que la
nuit! Puisque Dieu ne nous a donné que vingt-quatre
heures par jour, n'en rendons pas douze inutiles. »
*(Histoire de la Littérature dramatique en France depuis
vingt-cinq ans, tome V.)*

N'étaient « la fraîcheur du crépuscule sur les boulevards, » fraîcheur qui n'existe plus, et « les patrouilles
grises, » qui rappellent l'heureux temps de la garde
nationale, ne pourrait-on pas croire cet article écrit
d'hier?... Il a pourtant vingt-neuf ans!... (Note du *Fi-
garo* du 3 août 1878. M. Jules Prével.)

aux quatre, et n'admettons plus que des pièces en trois actes! Trois actes, après tout, c'est une bonne coupe; il y a des chefs-d'œuvre en trois actes; et deux heures et demie de spectacle, c'est bien assez! »

Que n'aurais-je pas à dire sur cette offre sacrilège, si je voulais aborder ici la question d'esthétique? — Mais non, je ne ferai pas à l'art que je professe l'injure de discuter cette balance des trois actes et des trois services, et d'admettre que le seul parti à prendre soit de rogner les scènes pour allonger les plats!

Impraticables, insuffisants, odieux, voilà ce que sont, en définitive, tous les remèdes qu'on nous offre.

Un seul est véritablement séduisant, — celui de Sarcey, — qui propose de nous replacer résolûment dans les conditions du siècle dernier : — le spectacle avant le repas du soir.

Et tout d'abord il semble que cette solution soit la bonne. Les arguments invo-

qués sont du moins très-spécieux : —
Déjà, dit Sarcey, les représentations dominicales de l'après-midi nous acheminent tout doucement vers cette façon de faire. Et puis, nous en sommes presque à déjeûner à l'heure où dînaient nos pères; et notre dîner se reculant de plus en plus dans la soirée, le jour n'est pas loin où nous dînerons le soir, à l'heure précisément de leur souper. Nos heures de repas seront donc exactement celles du dix-huitième siècle.

Dès lors, pourquoi ne pas faire tout de suite ce qui nous sera imposé tôt ou tard par la force des choses ?... Voyez quel joli programme : — à cinq heures un bout de toilette, puis un lunch à l'américaine, qui ne charge pas l'estomac ; à six heures le spectacle, à dix heures la clôture, et à onze heures le souper : le vrai, le charmant souper d'autrefois, couronnement exquis de toute la journée !

Et ces fameux soupers du siècle dernier, à qui n'ont-ils pas inspiré quelques paroles de regret?—Délicieux soupers de Mᵐᵉ Geoffrin, de Mᵐᵉ Doublet, d'Helvétius, de Grimod de la Reynière, des Caraman, des Choiseul, des Trudaine, des La Popelinière, des Bouret et des Sophie Arnould !... Soupers du Palais-Royal et du Temple !... Soupers gourmands, savants et galants, où êtes-vous ? — Seuls, vous suffiriez à justifier l'exclamation de M. de Talleyrand : « Qui n'a pas vécu en ce temps-là, ne connaît pas la douceur de vivre ! » — Loin de nuire au spectacle, vous viviez avec lui dans un commerce harmonieux bien différent de l'incompatibilité d'humeur actuelle. Le théâtre prédisposait au souper, — le souper prolongeait le plaisir du théâtre. On s'invitait de loge à loge... dans l'entr'acte. — « Êtes-vous des nôtres, ce soir? Nous aurons Marmontel, Diderot, l'abbé Galiani, Mᵐᵉ Lebrun, le petit La Harpe, Rivarol et Beaumarchais ! » — Et l'on se retrouvait après la pièce, chute ou succès, en bonne disposition d'esprit et d'appétit, comme dans cette adorable *Critique de l'École des Femmes,* où chacun arrive tout échauffé de ce qu'il vient d'entendre et prêt à discuter gaiement, pour et contre, jusqu'à la phrase sacramentelle : « Madame, on a servi sur table ! »

C'était charmant, — et ce serait charmant encore, si c'était encore possible !

Seulement est-ce possible ? — Voilà la question.

Le grand obstacle, c'est l'éternel ennemi de tous nos plaisirs :

Nos affaires !...

Au dernier siècle, la matinée suffisait aux choses sérieuses. A une heure, le commerçant, le financier le plus actif pouvait considérer sa journée comme finie. — Le reste de l'après-midi était tout aux visites, aux promenades, aux distractions de toute nature...

Aujourd'hui, c'est le contraire, notre journée d'activité commence précisément à l'heure où finissait la sienne. C'est la

Chambre, le Palais, la Bourse, puis le courrier, etc. — Tout cela nous absorbe pour le moins jusqu'à six heures, — et en admettant même qu'on fût tout à fait libre à cette heure-là et que le programme de Sarcey fût praticable, c'est le spectacle à sept heures au moins. — En voilà pour jusqu'à onze heures; c'est beaucoup. — Et nous ne souperons pas avant minuit. C'est trop tard.

Tout compte fait, je crains bien que les choses ne suivent doucement leur cours actuel, — et voici, j'en ai peur, ce qui nous menace.

Devant l'impossibilité démontrée d'avoir le public à huit heures, les directeurs de théâtre se résigneront à ne lever le rideau qu'à neuf heures, et seront autorisés à ne clore le spectacle qu'à une heure du matin. — Cette mesure sera accueillie par un cri de joie unanime. Nos bons Parisiens en profiteront immédiatement pour dîner une demi-heure plus tard, et pour arriver au théâtre à la fin du premier acte, exactement comme ils le font aujourd'hui.

Seulement, nous nous coucherons à deux heures du matin, et c'est ce que nous y gagnerons de plus certain.

Agréez, mon cher Noël, l'assurance de mes sentiments affectueux.

VICTORIEN SARDOU.

BIBLIOTHÈQUE CHARPENTIER
13, RUE DE GRENELLE-SAINT-GERMAIN, 13, PARIS.

LES

ANNALES DU THÉATRE

ET DE LA MUSIQUE

PAR

MM. Édouard NOEL et Edmond STOULLIG

Chaque année forme un volume et se vend séparément 3 fr. 50

Trois volumes sont en vente :
Le premier, relatif à 1875, est précédé d'une préface de M. **FRANCISQUE SARCEY**.
Au second, relatif à 1876, on doit joindre la lettre-préface de M. **VICTORIEN SARDOU**, de l'Académie française, intitulée : *l'Heure du Spectacle*, qui forme une brochure séparée (1).
Le troisième, relatif à 1877, est précédé d'une étude sur le théâtre en province par M. **GOT**, de la Comédie-Française.
Le quatrième volume, relatif à 1878, sera mis en vente dans les derniers jours de janvier prochain.

Les publications annuelles concernant le théâtre ne sont pas rares. La plupart, en n'étant que de

(1) Brochure in-18. Prix : 2 fr. — G. Charpentier, éditeur, 13, rue de Grenelle-Saint-Germain.

modestes nomenclatures, des statistiques énumératives ou des almanachs récapitulatifs, ne nous ont pas semblé répondre au besoin que cet intérêt général paraissait tout naturellement indiquer. Nous ne croyons pas nous être trompé en pensant qu'il y avait là une lacune dans notre littérature, un vide à remplir, et qu'une publication sérieuse, sous la forme de *Mémoires*, avait les plus grandes chances d'être favorablement accueillie par le public, à une époque où le théâtre occupe une si grande place dans nos habitudes, dans nos mœurs, dans notre éducation même, et où il n'est personne qui ne s'intéresse aux progrès de la littérature dramatique et musicale.

C'est pourquoi nous avons entrepris d'écrire les Annales du Théatre et de la Musique.

L'histoire du théâtre existe, à la vérité; mais elle est éparpillée, on ne sait où la prendre et on ne la retrouve nulle part à l'état de continuité. Les archives manquent dans la plupart de nos théâtres, et ceux d'entre eux qui ont cherché, dans ces dernières années, à remonter à leur origine, ne sont parvenus qu'au prix d'énormes sacrifices à reconstituer leur histoire. D'autres manquent absolument de documents.

On comprend dès lors quel intérêt il y aurait pour chaque théâtre à posséder ses mémoires, écrits au jour le jour ; quelle importance pour les écrivains, les auteurs, les critiques, les musiciens, les hommes du monde, à posséder les souvenirs de la scène, fidèlement et scrupuleusement reproduits sous la forme du récit ; et enfin, pour les artistes eux-mêmes, à retrouver dans un volume d'histoire la part qu'ils ont prise aux succès des œuvres dramatiques ou musicales.

Tel est, en résumé, le but de nos annales. Telles sont les raisons du favorable accueil qu'elles ont reçu du public et qui ont assuré leur succès dans le présent et dans l'avenir. Nous croyons en avoir assez fait comprendre l'importance et l'intérêt multiple pour qu'une place honorable leur soit utilement réservée dans notre histoire contemporaine ; et nous les soumettons avec pleine confiance au jugement du public.

Paris. — Typ. G. Chamerot, 19, rue des Saints-Pères. — 7391.

Extrait du Catalogue de la BIBLIOTHEQUE CHARPENTIER

THÉATRE MODERNE
Collection à 3 fr. 50 le volume
ALFRED DE MUSSET

Comédies et Proverbes.................................... 3 vol.

THÉOPHILE GAUTIER

Théâtre. — *Mystère, Comédies, Ballets*................. 1 vol.

PROSPER MÉRIMÉE

Théâtre de Clara Gazul.................................. 1 vol.

F.-A. DUVERT

Théâtre choisi... 6 vol.

ÉMILE ZOLA

Théâtre. — *Thérèse Raquin.— Les Héritiers Rabourdin.— Le Bouton de Rose.* 1 vol.

Collection à 2 francs le volume

FLAUBERT (Gustave). — Le Candidat....................... 1 vol.
HERVILLY (Ernest d') et GRÉVIN. — Le bon homme Misère.. 1 vol.
— — La Fontaine des Beni-Menad...... 1 vol.
ARÈNE (Paul) et DAUDET (Alphonse). — Le Char.......... 1 vol.
DANIEL DARC. — Les Rieuses............................. 1 vol.

Collection à 3 fr. 50 le volume

THÉATRE CLASSIQUE
FRANÇAIS

Molière. — *Œuvres complètes*.. 3 vol. | Racine (J.). — *Théâtre complet*. 1 vol.
Corneille (Pierre et Thomas). — *Œuvres*... 2 vol.

GREC

Eschyle (traduction Pierron).. 1 vol. | Sophocle (trad. Pessonneaux). 1 vol.
Euripide (traduction Pessonneaux)... 2 vol.

LATIN

Térence. — *Comédies* (traduction Talbot).............. 2 vol.

THÉATRE ÉTRANGER
ANGLAIS

Shakspeare. — *Œuvres complètes* (traduction B. Laroche)..... 6 vol.

ALLEMAND

Goethe (traduction Stapfer et Gautier fils)............ 2 vol.
Schiller (traduction Marmier).......................... 3 vol.

ESPAGNOL

Calderon (traduction Damas-Hinard)..................... 2 vol.
Lope de Vega (traduction Damas-Hinard)................. 3 vol.

ITALIEN

Manzoni. — *Théâtre* (traduction A. de Latour)......... 1 vol

www.ingramcontent.com/pod-product-compliance
Lightning Source LLC
Chambersburg PA
CBHW030103230526
45471CB00003B/1234